Beatrice Koller

Wo sind denn all die Farben hin?

"You are my sun, my moon, and all my stars."
E.E. Cummings

Wo sind denn all die Farben hin?

Beatrice Koller

FSC
www.fsc.org
MIX
Papier aus verantwortungsvollen Quellen
Paper from responsible sources
FSC® C105338

Bibliografische Information der Deutschen Nationalbibliothek:
Die Deutsche Nationalbibliothek verzeichnet diese Publikation in der Deutschen Nationalbibliografie; detaillierte bibliografische Daten sind im Internet über http://dnb.dnb.de abrufbar.

Verlag: BoD · Books on Demand GmbH, In de Tarpen 42, 22848 Norderstedt

Druck: Libri Plureos GmbH, Friedensallee 273, 22763 Hamburg
ISBN: 978-3-7597-8332-5

Inhaltsverzeichnis

1.0. VORWORT

Selbstverständlich

„Wir nehmen so viel für selbstverständlich, doch dabei ist es das ganz und gar nicht. Wir sollten endlich anfangen, alles mehr zu schätzen, vor allem die kleinen Dinge. Denn wir wissen nie, wann es das letzte Mal ist, einen Menschen zu umarmen, mit ihm zu lachen, ihn Lachen zu sehen, seine Stimme zu hören, seine Nähe zu genießen, seinen Ratschlag anzunehmen, seinen Duft einzuatmen. Und dann plötzlich ist da nur noch Stille, wo eigentlich keine sein sollte ..."

Durch meine eigene Erfahrung mit dem Thema Tod ist mir erst bewusst geworden, wie sehr dieses Thema zu den Tabuthemen in unserer Gesellschaft zählt. Bevor ich in den letzten (beinahe) zwei Jahren gleich mehrere Male mit dem Thema Tod, Trauer und Abschiednehmen konfrontiert worden bin, habe ich mir auch selbst nur wenige Gedanken darüber gemacht oder auch wenig darüber gesprochen, geschweige denn gewusst, wie ich mit Trauernden umgehen soll. Und ehrlich gesagt finde ich es schlimm, wie wir versuchen das Thema Tod „auszusperren", denn der Tod ist ein fester Bestandteil unseres Lebens und wenn wir bereits von jungen Tagen an lernen würden, dieses Thema mehr zu integrieren, würde es uns auch bestimmt um einiges leichter fallen damit umzugehen, wenn es uns früher oder später einmal selbst betrifft.

Dieses Buch ist für all diejenigen, die einen ganz lieben Menschen verloren haben und sich vielleicht etwas unverstanden, verloren, alleingelassen fühlen auf dieser Welt, allein mit ihrer

Trauer, ihren Gefühlen und Gedanken, mit all den ungesagten Worten und vielleicht ratlos der Zukunft entgegenblicken.

Ich habe schon immer gerne geschrieben, Schreiben hat mir in der Vergangenheit oft geholfen Dinge zu reflektieren, ihnen auf den Grund zu gehen, sie zu verstehen und aufzuarbeiten. Bereits sehr früh habe ich damit begonnen, Tagebücher zu schreiben, was dann irgendwann in meiner Jugend aufgehört hat. Später habe ich Erlebtes in Form von Texten niedergeschrieben und genau das habe ich auch während meines Trauerprozesses gemacht. Das Schreiben hat mir sehr geholfen, meine Gedanken etwas zu sortieren, meinen Kopf etwas zu lüften und all die angestauten Emotionen und Gedanken ihren freien Lauf zu lassen.

Nach einiger Zeit habe ich mir nach und nach meine eigenen Texte immer wieder einmal durchgelesen und mir irgendwann gedacht „Wow, so viele Texte. Eigentlich könnte ich zu dem Thema schon ein Buch schreiben ...". Was zu Beginn ein Scherz war, spukte mir immer wieder im Kopf herum und auch der Gedanke, warum gerade ICH ein Buch schreiben sollte. Ehrlicherweise muss ich gestehen, dass ich mir vor allem in der ersten Zeit meines Trauerprozesses oft jemanden an meiner Seite gewünscht hätte, der mich versteht, der vielleicht so etwas Ähnliches durchgemacht hätte, jemanden, mit dem ich mich austauschen kann. Es waren definitiv viele Menschen in meinem Leben da, denen ich mich anvertraut habe und mit denen ich über alles gesprochen habe. Und dennoch habe ich mich oft unverstanden gefühlt oder habe mir immer wieder die Frage gestellt, ob das, was ich gerade mache oder denke „normal" ist. Nur wenige Menschen wussten, dass ich an diesem Buch gearbeitet habe, denn was ich hier preisgebe, sind nicht irgendwelche

Dinge, sondern meine ganz persönliche, intime Gedankenwelt. Die Motivation hinter diesem Buch war eigentlich bloß eine: Wenn nur eine einzige Person auf dieser Welt dieses Buch liest und diesem Menschen vielleicht auch nur ein einziger Satz helfen sollte, dann bin ich schon mehr als glücklich darüber. Und im besten Falle helfen meine Worte, meine Ansichtsweisen, meine Erfahrungen, meine Erkenntnisse mehreren Menschen. Das wäre mein persönlicher Wunsch. Denn kein Mensch sollte sich während eines Trauerprozesses allein gelassen oder unverstanden fühlen.

Ich spreche in den nächsten Seiten alle Leserinnen und Leser in der Du-Form an.

Besonders wichtig für mich: Wenn du beim Lesen dieses Buches vielleicht irgendwann mit meiner Perspektive und meinen Ansichten nicht übereinstimmst, dann ist das mehr als okay. Denn alles, worüber ich schreibe, ist MEINE ganz persönliche Wahrheit und es muss absolut nicht mit deiner übereinstimmen. Denn übrigens bin ich der Meinung, dass es gar kein Falsch und kein Richtig gibt.

2.0. DER TAG DER ALLES VERÄNDERTE

Zeit, die wir nicht haben

Eines unserer größten Probleme ist, dass wir denken, wir hätten Zeit. Zeit für Dinge, die wir oft als selbstverständlich annehmen. Zeit mit Menschen zu verbringen, deren Anwesenheit uns zu wenig bewusst ist und wir zu wenig schätzen. Wir vergeuden zu viel Zeit damit, uns den Kopf darüber zu zerbrechen was morgen, übermorgen ist, was andere von uns denken könnten, wenn wir dies oder jenes tun. Wir hängen in der Vergangenheit fest und trauern gewissen Situationen nach, die nie wieder so kommen werden. Wir machen all diese Dinge, anstatt endlich im Moment zu sein und das Hier und Jetzt zu genießen. Denn sind wir uns mal ehrlich, dieser Moment ist alles, was wir haben.

Das Jahr 2023 war bisher das dunkelste, schmerzvollste, schwerste Jahr meines Lebens. Ich habe in diesem Jahr so viel gefühlt, so viel, dass ich an manchen Tagen oft nicht wusste, wohin mit mir selbst und mit all diesen Emotionen. Und an manchen Tagen habe ich einfach gar nichts gefühlt, ich war nur leer. Ich musste am eigenen Leib erfahren, was das Wort „Herzschmerz" bedeutet. Bis an jenem Tag war es für mich ein Wort, von dem ich dachte, es zu kennen, in Form von Liebeskummer, Trennung etc. Doch seit jenem Tag weiß ich, warum es Herzschmerz heißt, denn mein Herz war tagelang so schwer, es stach, fühlte sich so an, als hätte mir jemand 100 Schwerter, Messer und Dolche hineingerammt, sie einmal umgedreht und schließlich wieder allesamt herausgezogen. Mein Herz tat so schrecklich weh, als hätte jemand seine Hand in meinen

Brustkorb gesteckt und es eigenhändig herausgerissen. Ich dachte, nie wieder einen Sinn in meinem Leben finden zu können, geschweige denn nur einen winzigen, kleinen Funken an Lebensfreude. Doch auch wenn das Leben ab einem bestimmten, urplötzlichen Zeitpunkt völlig anders als erwünscht und geplant kommt, wird es weitergehen und du wirst irgendwann wieder lachen und Freude verspüren können, das verspreche ich dir. Woher ich das weiß? Weil ich es selbst durchlebt habe.

Was ist Trauer? Trauer wird oft als tiefe Traurigkeit oder seelischer Schmerz beschrieben, doch Trauer ist so individuell, dass man dieses Wort kaum richtig definieren kann, weil sie jeder Mensch anders erlebt. Früher oder später kommen wir leider ausnahmslos alle mit Trauer in Berührung, die einen Menschen früher, die anderen später. Ich war immer besonders dankbar, dass mir das Leben, abgesehen von meinen Großeltern, niemanden Nahestehenden genommen hat - bis zu jenem Tag: 07.01.2023

Es war ein Samstagmorgen, ich war schon früh wach, zog mich an, packte meine Sachen, um ins Fitnessstudio zu fahren, und ging eine Etage tiefer. Mein Bruder lag bereits auf der Küchenbank. Ich machte uns Frühstück und Kaffee, wir sprachen über den Vorabend und er erzählte mir stolz, dass er beim Spieleabend bei „Risiko“ nach 2,5 Stunden gewonnen hatte. Er liebte Strategiespiele, und noch mehr liebte er es, zu gewinnen. Wir quatschten, scherzten, lachten. Ich machte mich auf den Weg und verabschiedete mich. Ich wusste nur nicht, dass das das letzte Mal sein würde. Das letzte Mal, dass ich die Chance dazu hatte. Und als ich am späten Vormittag wieder nach Hause kam, war alles von einem auf den anderen Moment ganz still und grau und die Welt war plötzlich verkehrt ...

Mir wurde von der einen zur anderen Sekunde komplett anders, als ich ein Rettungsauto und Notarzt mit Blaulicht vor unserer Türe stehen sah. In den paar Sekunden, als ich zur Tür lief, spielten sich alle möglichen Szenarien in meinem Kopf ab. Doch als ich den Raum betrat, rechnete ich nicht damit, dass da mein Bruder am Boden liegen würde, den sie eine gefühlte Ewigkeit versuchten zu reanimieren. Irgendwann landete dann auch noch der Christopherus Hubschrauber, was ich aber erst viel später realisierte. Alles schien wie in Zeitlupe zu passieren. Wir warteten draußen, die Zeit schien förmlich stillzustehen, und als meine Mutter kopfschüttelnd und weinend herauskam, war meine, unsere Welt von jetzt auf gleich zerstört ...

„Und plötzlich war er da. Dieser Moment, der uns völlig den Boden unter den Füßen wegriss. Völlig unerwartet. Ich kann es immer noch nicht fassen ... dass du deine Augen nie wieder öffnen wirst ... dass wir nie wieder dein Lachen hören werden ... dass du einfach nicht mehr da bist ... es fühlt sich an, als hätte mir jemand mein Herz aus der Brust gerissen. Jeder Atemzug fällt schwer. Vor allem, wenn einem wieder erneut eine Welle der Trauer packt und man verzweifelt nach Luft ringt. Es bleiben so viele Fragen und doch keine Antworten. Nichts ergibt mehr einen Sinn. Und während die Tränen wie feurige Perlen an meinen Wangen brennen, wünschte ich mir nur eines, mehr Zeit. Mehr kostbarere Zeit mit dir auf dieser Welt."

Diese Worte zu lesen, versetzt mich sofort zurück in diese Zeit. Diese Zeilen habe ich einen Tag, nachdem ich meinen Bruder verloren hatte, geschrieben. Alles Erlebte, all diese Bilder spielten sich wie ein immer wiederholendes Band in meinem Kopf ab. Sie konnten durch absolut Nichts aufgehalten werden. Dieser Moment zwischen „Nein, das KANN alles nicht wahr sein." und „Nein, das DARF alles nicht wahr sein." brach mir irgendwie jedes Mal aufs Neue mein Herz. Mein Kopf pulsierte, meine Gedanken waren so rastlos, also tat ich das Einzige, was ich immer tat, wenn mein Kopf kurz vor dem Explodieren war: ich schrieb.

„Nun sitze ich hier und finde einfach keine Worte. Einerseits fühle ich mich wie gelähmt, leer; andererseits schmerzt mein Herz so sehr, als hätte es mir jemand herausgerissen. Ich kann keinen klaren Gedanken fassen. Alles dreht sich. Die Uhr tickt - Tick. Tack. Man sitzt einfach nur da, ohne etwas machen zu können. Man wartet nur, doch worauf eigentlich? Das es besser wird? Das es leichter wird? Keine Ahnung worauf man tatsächlich wartet, vielleicht auch einfach nur, dass die Zeit verstreicht und man sich irgendwann wieder anders fühlt."

3.0. DIE ERSTEN WOCHEN

Was mein Bruder für mich war? Einer der allerwichtigsten Menschen in meinem Leben, nicht wegzudenken, Fels in der Brandung, Superheld, Alleskönner, Seelenverwandter und mein absolut bester Freund.

Als Kinder zankten und stritten wir uns jeden einzelnen Tag. Wir hegten wohl so etwas wie eine Art „Hassliebe" zueinander, was in dem Alter wahrscheinlich normal unter Geschwistern ist. Das änderte sich im Teenageralter mit dem Fortgehen. Von da an waren wir unzertrennlich. Wir teilten so vieles miteinander: Geheimnisse, Geschichten, Zeit, Freunde. Wir wurden sogar einmal für Zwillinge gehalten, was ich gar nicht so abwegig finde, denn diese Verbundenheit, die ich mit ihm hatte, war einmalig und kann ich mit absolut nichts und niemandem annähernd vergleichen. Wir wussten, was der andere dachte, ohne es je ausgesprochen zu haben, ein Blick reichte. Er konnte mich so aufbauen, wenn ich mal am Boden zerstört war, wie niemand sonst. Seine ruhige, bodenständige Art wirkte wie ein starker Felsen auf mich, an dem man sich festhalten konnte. Wenn meine Laune mal im Keller war, schaffte er es jedes einzelne Mal, mich zum Lachen zu bringen, obwohl mir in der Situation absolut nicht zum Lachen zu Mute war. Er war so ein lustiger Mensch, stets Flausen im Kopf, und er liebte es, mich zu erschrecken. Ich musste andauernd auf der Hut sein, um einem „Herzinfarkt" zu entgehen, denn gerade in den Momenten, wo man nicht damit rechnete, nutzte er die Chance, um mir einen Heidenschreck einzujagen. Er war so vieles, doch all diese Worte und Beschreibungen würden ihm nicht annähernd gerecht werden. Er war bescheiden, liebevoll, verdammt klug, abenteuerlustig, chaotisch, ideenreich, diszipliniert, loyal, raffiniert, wissbegierig, absolut der beste Mensch, den ich je kennengelernt habe. Er bedeutete mir die Welt, und nun ist die einzige Welt, in der er noch lebt, in meinen Erinnerungen und in meinem Herzen, und dort wird er auch ewig weiterleben.

In den ersten eineinhalb Wochen war immer jemand bei uns zu Besuch. Familie, Freunde, Bekannte. Tagsüber waren wir nur selten alleine, es war eigentlich immer jemand da, bis spät abends zum Schlafengehen. Oft gab sich unser Besuch wortwörtlich die Türklinke in die Hand. Wir baten nie jemanden vorbeizukommen, die Menschen kamen einfach vorbei, standen vor der Tür, und das war auch mehr als gut so, denn so waren die ersten Tage um einiges leichter zu ertragen. Meistens brachte man uns etwas mit: Essen, Getränke, Süßes. Die ersten beiden Tage brachte von uns kaum jemand einen Bissen hinunter. Doch irgendwann mussten wir wieder etwas zu uns nehmen, etwas essen. Im Nachhinein muss ich sagen, dass ich sehr froh und dankbar bin, dass uns so viele liebe Menschen Gesellschaft geleistet haben, auch wenn wir das ein oder andere Mal nur geschwiegen haben.

17

„Morgen ist es 17 Tage her. Der erste Tag im „neuen Alltag". Aber ich weiß nicht, ob ich dafür ansatzweise bereit bin … denn einen Alltag ohne ihn kann ich mir nicht im Geringsten vorstellen.

Morgens, gleich nach dem Aufstehen, das erste „Morgen Bearly.“, wer soll das jetzt sagen? Wer soll mich so lange nerven, bis ich ihm Frühstück mache? Wer soll mir, bevor ich zur Arbeit fahre, den maximal besten Tag wünschen? Wer sagt mir, dass Gott mich schützt? Wer wirft mir am Mittagstisch komische

Blicke zu, weil wir dasselbe denken? Wer ärgert mich nun damit, dass er keine Umarmungen mag? Obwohl er es eigentlich insgeheim gemocht hatte ... Wer gibt mir nun die besten Ratschläge, wenn ich nicht weiterweiß? Wer bringt mich nun zum Lachen, obwohl ich in dem Moment versuche, sauer zu sein? Wer baut mich auf, wenn ich mal alles scheiße finde? Wer legt sich zu mir, wenn ich am Boden bin? Wer schaut mich nun an und versteht mich blind, ohne ein bloßes Wort zu sagen? Sag mir, wer?"

Ich habe mir nach dem Tod meines Bruders so viel Zeit genommen, wie es sich für mich richtig angefühlt hat. Ich blieb nach meinem eigentlichen Weihnachtsurlaub noch weitere zwei Wochen zuhause. Zu Beginn dachte ich zwar, dass ich wieder so schnell wie möglich zur Arbeit gehen würde, jedoch merkte ich rasch, dass ich weder körperlich und schon gar nicht mental in der Fassung dafür war. Mein Körper fühlte sich so schwer wie Blei an, mir tat alles weh, vor allem mein Herz- und mein Nackenbereich. Nach zwei Wochen beschloss ich dann schließlich, wieder zur Arbeit zu gehen, bevor mir die Decke auf den Kopf fiel. Und im Nachhinein gesehen weiß ich wirklich nicht, wie ich das eigentlich gemeistert habe. Ich bin selbstständig und arbeite als Heilmasseurin. Die meisten meiner Patienten und Patientinnen kommen schon lange zu mir und man kennt sich schon eine Zeit lang. So ziemlich jeder und jede wusste was passiert war. So läuft das natürlich mal ab, wenn man am Land lebt. Meistens war ich jedoch froh, wenn sie Bescheid wussten, mich darauf ansprachen und ich es nicht aussprechen musste. Zwar hatte ich kein Problem darüber zu reden, was genau passiert war, jedoch die Worte „Mein Bruder ist gestorben." – konnte ich lange nicht aussprechen. Ich kann mich noch gut daran erinnern, wie erleichtert ich war, als ein paar Wochen später endlich der „letzte" Patient, seit meinem Verlust, da war und ich hoffentlich nicht mehr so schnell darauf angesprochen werden würde. Das war natürlich ein Irrglaube, aber es fiel mir mit der Zeit nach und nach etwas leichter, darüber zu sprechen, ohne gleich in einem Strom der Tränen auszubrechen.

Wie gehts dir?

„Wie es mir geht? Ich weiß es nicht, finde nicht die richtigen Worte dafür. Mal besser, mal schlechter. Mal laut, mal leise. Mal überfordert, mal voller Schmerz. Im einen Moment denkst du, es geht eigentlich. Im nächsten Moment packt dich erneut eine Welle, zieht dich unter Wasser, du ringst nach Luft, vergeblich. Du wirst mitgezogen, bis an den Grund, wirst zu Boden geschleudert, bis zum tiefsten, dunkelsten Punkt. Und dann kommt der Moment, an dem alles stillsteht, und plötzlich siehst du einen Lichtstrahl, einen hellen Moment, und deine Lungen füllen sich allmählich wieder mit Sauerstoff und die Last fällt ein Stück von dir ab. In dem Moment bist du ruhig, etwas leer und vielleicht auch zufrieden. Du denkst, du hättest es geschafft, doch die nächste Welle kommt bestimmt."

Von einem Trauma, das wir alle noch nicht einmal wirklich realisiert hatten, ging es nach nicht mal zwei Monaten schon zum nächsten über. Meine Schwester wurde mit stechenden Schmerzen und Atembeschwerden ins Krankenhaus eingeliefert, wo sie schließlich eine schwere Lungenentzündung mit bereits vorhandenem Wasser in der Lunge diagnostiziert bekam. Sie lag fast zwei weitere Monate im Krankenhaus und musste sich sogar einer schwereren Operation unterziehen. Was das für mich und meine Familie bedeutete, kann ich kaum in Worte fassen. Ich hatte so unfassbare Angst, noch eine weitere wichtige Person in meinem Leben zu verlieren, doch daran konnte und wollte ich gar nicht erst denken. Denn das hätten weder ich, noch meine Eltern verkraftet. Ich versuchte sie so oft wie möglich im Krankenhaus zu besuchen, ihr gut zuzureden und stark für uns beide, für uns alle zu sein. Doch dabei hatte ich selbst kaum noch Energie und hantierte mich von einem Tag zum nächsten in der Hoffnung, dass alles wieder gut werden würde. Ich erinnere mich noch an den Tag, an dem sie die Operation hatte, als wäre es gestern gewesen. Wir saßen alle auf Nadeln, ich versuchte mich abzulenken, und als ich endlich nach Stunden den Anruf bekam, dass alles gut verlaufen sei und sie bereits wach war, merkte ich zum ersten Mal, wie sich all diese Schwere, diese Angst, dieses Bangen und all die Sorgen in meinem Körper festgesetzt hatten. Mir tat alles weh, mein ganzer Körper stand unter Strom und meine Muskeln schmerzten vor lauter Anspannung.

Da wurde mir wieder eines deutlich bewusst: wie sehr Körper und Geist, oder besser gesagt der Körper und die Psyche, zusammenspielen. Man sagt nicht umsonst, wenn man Schulter- oder Nackenschmerzen hat: „Na, was lastet dir denn auf deinen Schultern?". Ich hatte in den darauffolgenden Monaten sehr stark mit Nacken-, und Kopfschmerzen zu kämpfen, und je mehr ich mich mit dem Thema Tod und meinem Verlust auseinandersetzte, desto leichter wurden auch meine körperlichen Schmerzen.

4.0. TOD UND LOSLASSEN

Trauer kann so überwältigend sein, und doch haben wir nie wirklich gelernt, mit ihr umzugehen. Ich habe mich in den letzten zwei Jahren so intensiv mit dem Thema Tod, Trauer und Loslassen beschäftigt und mich dem so gestellt wie wahrscheinlich kein anderer Mensch in meinem Umfeld. Das Thema Tod war plötzlich so präsent geworden. Ich habe einige wichtige Menschen verloren oder wurde mit dem Thema Tod in meinem Umfeld immer wieder konfrontiert. Der beste Freund meines Vaters ist nach einer chronischen, schweren Krankheit im November 2022 verstorben. Einen Monat später ist meine Großmutter väterlicherseits plötzlich verstorben, die eigentlich bis zum Schluss noch ziemlich fit für ihr Alter war. 2,5 Wochen später ist mein Bruder verstorben. Genau am Tag, 2 Monate später, eine Nachbarin, bei der ich zufällig mit meiner Großmutter vorbeispazierte, die ich dann noch versuchte zu reanimieren, leider vergeblich. 7 Monate später verstarb ein Patient von mir, den ich durch seine schwere Krankheit begleiten durfte und ihm hoffentlich etwas Linderung schenken konnte. Und vor ein paar Wochen ist meine andere Großmutter an einer sehr schweren, kurzen Krankheit verstorben.

Jeder Tod, jede Situation könnte nicht unterschiedlicher, nicht individueller sein, und trotzdem haben sie alle eines gemeinsam: Alle Verstorbenen lassen Menschen zurück, die sie lieben, die um sie trauern. Ich habe sehr viel über alles Mögliche nachgedacht, unter anderem auch über Beerdigungen, eben weil sie zum Tod gehören. Ich fand Begräbnisse schon immer furchtbar und schrecklich zugleich. Im Laufe der letzten Jahre und Jahrzehnte hat sich so viel verändert und weiterentwickelt, doch bei Begräbnissen zeigt sich meiner Meinung nach nicht besonders viel Veränderung oder Entwicklung. Und je mehr ich darüber nachdenke, umso klarer wird mir, dass es im Prinzip komplett egal ist, wie eine Beerdigung ausgerichtet ist, denn dem oder der Verstorbenen ist es doch schnurzpiepegal. Begräbnisse sind nur für die Hinterbliebenen da, um noch einmal Abschied nehmen zu können. Deshalb sollte man, meinem Empfinden nach, viel mehr dem Beachtung schenken, was der/die Verstorbene gerne hatte, was man mit ihr oder ihm verbindet, und versuchen, das zu integrieren, anstatt darauf zu achten, was andere oder besser gesagt die Gesellschaft denken könnten. Man sollte die Verstorbenen feiern, die gemeinsamen schönen Momente mit seinen Mitmenschen teilen, in Erinnerungen schwelgen und lachen - und ja, natürlich darf man all seine Emotionen fühlen und zeigen und auch weinen, schreien oder nach was einem sonst auch ist. Aber warum muss man in Schwarz gehen? Warum müssen Begräbnisse so ernst sein? Ich denke nicht, dass das im Sinne der Verstorbenen wäre. Es kommt natürlich immer auf die jeweilige Situation an. Wenn jemand plötzlich aus heiterem Himmel stirbt, ist es selbstverständlich etwas anderes, als wenn jemand nach einer längeren Krankheit von uns geht.

Ich würde mir jedenfalls wünschen, die Menschen würden mich feiern, für das, wie ich war, mit all meinen Ecken und Kanten, wunderbare gemeinsame Erinnerungen teilen, sich Geschichten erzählen, Fotos anschauen, lachen, weinen, sich in den Arm nehmen, in bunten Kleidern tanzen und vor allem: sich wieder ins Bewusstsein rufen, wie kostbar das Leben und jeder einzelne Moment davon doch ist. Das würde ich mir für meiner Trauer- FEIER wünschen, - ja, das wäre tatsächlich ganz nach meinem Geschmack.

Meine Psychotherapeutin hat mir stets die Dinge aus einem anderen Blickwinkel gezeigt, die mich im Nachhinein immer wieder im Positiven beschäftigt haben. Doch ihre Worte über den Tod trage ich stets mit mir: "Leben und Tod gehören zusammen wie Tag und Nacht. Wir können nicht nur den Fokus auf den Tag legen und ausschließlich diesen leben wollen, wir müssen auch lernen, die Nacht anzunehmen und zu integrieren, denn eines alleine funktioniert nicht."

Die Sache mit der Trauer

„Trauer. Wie genau fühlt sich Trauer eigentlich an? Für jeden gleich oder doch für jeden verschieden?

Für mich fühlt sich Trauer wie Wellen an. Manchmal sind die Wellen sanft und berühren dich ganz leicht wie eine liebevolle Erinnerung. Manchmal sind die Wellen stärker und treffen dich aus dem Nichts. Plötzlich fährt der Schmerz durch deinen ganzen Körper und du kannst keinen klaren Gedanken fassen. Manchmal treffen dich aber die Wellen mit voller Wucht, sie treffen dich so hart, dass du fast umfällst. Du kannst kaum atmen. Es fühlt sich an, als nähme dir jemand die Luft zum Atmen.

Die Sache mit der Trauer ... manche Tage sind gute Tage, an denen man viel lachen kann und man sich relativ „gut" fühlt. Und dann gibt es dann noch die schlechten Tage. Tage, an denen du keine Kraft hast. Keine Kraft zum Aufstehen, keine Kraft zum Essen, keine Kraft, um ans Telefon zu gehen oder um zu duschen. Tage und vor allem Nächte, in denen du kaum ein Auge zudrückst, doch irgendwann fallen dir dann doch voller Erschöpfung die Augen zu und es bleibt nur die Frage: wann wird es endlich leichter?"

5.0. ACHTERBAHN DER GEFÜHLE

2023 war das Jahr mit den meist gefühlten Emotionen. Leider haben vor allem die schweren oder auch nicht so gern gefühlten Emotionen dabei überwogen.

Wie im Film

„Manchmal fühlt es sich noch immer so an, als wäre das alles ein schlechter Film, in dem ich gefangen bin. Es fühlt sich manchmal immer noch so an, als würdest du jeden Moment bei der Tür reinkommen. In einem unachtsamen Moment denke ich mir manchmal immer noch „Ich muss dich anrufen und fragen..", ein kurzer Stich in der Herzgegend, bis mir wieder bewusst wird, dass ich das nicht mehr kann ... dass ich das nie wieder kann.

An manchen Tagen hat es mein Unterbewusstsein kapiert, dass eine Welt ohne dich nun leider die neue Realität ist. Und an manchen Tagen kriege ich vor lauter Panik kaum Luft."

Enttäuschung.

Ich weiß nicht, wie oft ich Enttäuschung gefühlt habe. So oft haben mich in diesem Jahr so viele Menschen enttäuscht. Doch dabei ist Ent-täuschung, wie es das Wort bereits sagt, nur das Ende einer Täuschung, oder? Die Frage, die ich mir die letzten Monate unzählige Male gestellt habe, war: Was genau hat mich eigentlich enttäuscht? Die Handlung und Reaktion der Leute in meinem Umfeld, weil sie nicht so reagiert haben, wie ich es mir vielleicht vorgestellt oder gewünscht hätte? Oder vielmehr, dass mein Wunschdenken dabei nicht erfüllt wurde, weil ich persönlich anstatt jener anders gehandelt hätte? Wahrscheinlich ist es ein Mix von beiden. Nichtsdestotrotz fühlte ich den bitteren

Beigeschmack der Enttäuschung zu oft. Woran ich mich noch ganz gut erinnere, zwei Monate nach dem besagten Tag, feierte eine Freundin ihren 30. Geburtstag. Und weil mir sowieso schon die Decke zuhause auf den Kopf fiel, beschloss ich trotzdem hinzugehen und war mir sicher, dass mir der Tapetenwechsel guttun würde. Der Freundeskreis meines Bruders und mein eigener überschnitt sich bzw. war ähnlich, weshalb die meisten Leute auf der Feier uns beide kannten. Das aller aller Schlimmste, was ich in der Zeit an Enttäuschung erfahren habe, war an jenem Abend. Ich wurde von so vielen Menschen ignoriert und links liegen gelassen, teilweise nicht mal begrüßt. Mir ist durchaus bewusst, dass das nichts mit meiner Person an sich zu tun hatte, sondern viel mehr damit, dass sie nicht wussten, was sie sagen oder wie sie sich verhalten sollten. Aber ich denke, sie haben in keiner Sekunde darüber nachgedacht, wie sich das für mich anfühlt, einfach so links liegen gelassen zu werden, behandelt zu werden wie eine Aussätzige, obwohl es mir ohnehin schon hundeelend ging. Es war kein Einzelfall, dass die Gehsteigseiten gewechselt wurden oder im Supermarkt so getan wurde, als würde man mich nicht sehen. Ich verstehe es zum einen, warum manche Menschen so gehandelt haben, aber zum anderen kann ich es aber eben auch nicht vergessen. Es ist nicht so, dass ich nachtragend bin und es ihnen vorhalte, nein, sie wussten es ja nicht besser, aber dennoch hat sich das sehr stark in mir verankert. Und vor allem hat es mir gezeigt, wie ich nicht reagieren werde, wenn jemand in meinem Umfeld so etwas Ähnliches widerfahren sollte.

Wut.

Die Wut war ein sehr treuer Begleiter aus den unterschiedlichsten Gründen. Jedoch werde ich nicht detailliert darauf eingehen, weil einige sehr persönlich sind und ich absolut niemanden schlecht reden möchte. Fakt ist, dass sich die Wut ziemlich in meinem Körper manifestiert hatte und ich sogar irgendwann Schmerzen im Bereich der Leber hatte. In der TCM (traditionellen chinesischen Medizin) steht jede Emotion für ein bestimmtes Organ. Wut - Leber. Als ich schließlich meinen alljährlichen Blutbefund in den Händen hielt und meine Leberwerte durch die Decken schossen, wusste ich, dass ich etwas ändern musste. Ich bin ein riesen Fan von ganzheitlicher Gesundheit und versuchte fürs Erste, einen anderen Weg zu probieren. Auch wenn das ziemlich unangenehm war, versuchte ich mit den Menschen ein Gespräch zu führen, auf die ich wütend war. Ich schmiss ihnen alles an den Kopf, was mich beschäftigte, mich verletzte und wütend machte. Ich blieb stets respektvoll, sprach ruhig und erläuterte meine Standpunkte. Diese Gespräche hatten eine immense Auswirkung auf mich, meinen Körper und meinen Geist.

Trauer.

Wie schon zu Beginn erläutert, ist Trauer so komplex. Wichtig ist meiner Meinung nach nur, dass man sich irgendwann, natürlich je „schneller“ desto besser, mit seiner Trauer auseinandersetzt und sie aufarbeitet, auf welche Art und Weise, das ist so individuell wie die Trauer selbst.

Lost

„An manchen Tagen fühle ich mich so verloren, so allein, so einsam. Nichts bereitet mir Freude, nicht einmal die kleinen, großen Dinge wie ein Sonnenuntergang oder ein Nachthimmel voller Sterne. Ich hantiere mich von Tag zu Tag ohne ein bestimmtes Ziel vor Augen, und wenn es eins gäbe, wäre es wohl nur, den Tag zu überstehen und auf den nächsten neuen Tag zu warten. Wie er wohl werden mag? Das weiß ich im Voraus nicht, entweder wird dieses stechende, tief schmerzende Gefühl der Trauer und der Leere am nächsten Tag wieder da sein, oder es verfliegt und ich kann mich wieder mehr auf andere Dinge fokussieren. Deshalb plane ich zurzeit nicht gerne, denn ich weiß absolut nicht, was der nächste Tag bringt."

Überforderung.

Vor allem im ersten Jahr habe ich in meinem Leben so oft Überforderung verspürt und wahrgenommen, und das bereits nach Kleinigkeiten. Irgendwann habe ich verstanden, dass es einen Grund hat, warum mich die kleinsten Dinge aus der Bahn geworfen haben - einfach, weil ich nicht stabil, nicht in meiner Mitte war. Wie denn auch nach so einem Verlust? Natürlich kann man dieses Gefühl nicht ohne Weiteres von heute auf morgen loswerden, aber man kann versuchen, vorbeugend zu handeln. Ich habe mir oft Dinge offengelassen und dann spontan entschieden, ob mein Körper, mein System gerade eine bestimmte Aktivität und Gesellschaft braucht oder doch vielmehr Ruhe und Rückzug. Oft habe ich spontan Treffen oder manche Termine abgesagt, war ganz ehrlich mit meinen Mitmenschen. Je mehr ich auf meine Grenzen und meine Bedürfnisse geachtet habe, umso leiser wurde der Schrei der Überforderung. Eine meiner größten Ängste war es, in Zukunft nicht mehr so belastbar zu sein, wie ich es einmal war. Doch irgendwann kapierte Ich für mich, dass ich das auch gar nicht mehr sein musste, und nahm mir damit selbst ein großes Stück Druck.

Angst.

Die Angst war ebenso ein sehr lauter Begleiter. Die ersten Male, als ich ein Rettungsauto mit Blaulicht sah oder einen Christophorus- Hubschrauber, merkte ich, wie die Angst langsam hochkroch und mir die Kehle zuschnürte, sodass ich in manchen Situationen nach Luft rang. Das Vertrauen ins Leben zurückzuerlangen ist ein Prozess für sich und braucht ebenso seine Zeit. Wenn mich meine Mama oder mein Papa anriefen, blieb beinahe mein Herz stehen, aus Angst, dass womöglich wieder etwas passiert war.

Freude.

Trauer ist nicht schwarz-weiß. Du darfst Freude erleben, sie spüren und zulassen. Und dies fiel mir zu Beginn in den ersten Monaten sehr schwer. Ich wollte gar keine Freude mehr empfinden, wozu denn auch? Das Leben hatte mir schließlich einen der wichtigsten Menschen in meinem Leben genommen. Da darf man doch nicht glücklich sein, oder? Doch! Du kannst traurig sein UND Freude erleben - alles im selben Moment.

Trauer und Liebe

Und an manchen Tagen brauche ich nur ein Foto von dir anzusehen, und schon laufen mir die Tränen wie kleine Flüsse über die Wangen. Weil ich dich so schrecklich vermisse, ich es manchmal noch immer nicht fassen kann, dass du nicht mehr zurückkommst. Und weil all diese wunderbaren Erinnerungen mit dir und die pure Liebe für dich in mein Herz strömen und es durchfluten. Und dann wird mir bewusst: man kann traurig und dankbar sein, beides zugleich. Diese Erkenntnis macht die Trauer für mich nach dieser Zeit etwas sanfter, etwas erträglicher. Denn auch wenn ich dich so schrecklich vermisse, überwiegt die Liebe, die Liebe zu dir.

Liebe.

Einer der größten Faktoren, um diese schwere, dunkle Zeit zu überstehen, war die Liebe. Die Liebe ist überall, wenn man nur genauer hinsieht. Ich war im Juni 2023 Trauzeugin einer meiner besten Freundinnen. Es hat mich so erfüllt, mit anderen 100 Menschen die Liebe zu feiern und sie zu spüren. Im August 2023 bin ich Patentante geworden von einem liebevollen, kleinen Wirbelwind und sie hat mir so viel Kraft, Wärme, Freude und Liebe gespendet. Auch kleine Gesten können Zeichen der Liebe sein. Wenn dich eine Freundin bittet, ihr zu schreiben, wenn du gut zu Hause angekommen bist. Wenn dir deine Mama dein Lieblingsessen kocht. Eine innige Umarmung. Liebevolle Worte. Die Liebe kann ein kraftvoller, lichtvoller Anker sein, wenn man es nur zulässt.

All diese Emotionen und noch viele, viele mehr waren so oft zu Besuch, oft mehrere zur gleichen Zeit, sodass ich gar nicht wusste, wohin mit ihnen und wohin mit mir selbst. Einige von ihnen teilt man in „schlechte" und in „gute" Emotionen ein. Doch in Wahrheit gibt es keine guten oder schlechten Emotionen, denn im Endeffekt sind alle Emotionen gute Emotionen. Sie alle haben eine Aufgabe, nämlich uns fühlen zu lassen. Angst z.B. zeigt uns nur, dass vielleicht irgendwo Gefahr lauert oder wir vielleicht in einer ähnlichen Situation verletzt worden sind, und unser eigenes System will uns im Grunde doch nur schützen. Und Trauer, Trauer steht für mich auch irgendwie für Liebe, denn Trauer bedeutet meiner Erfahrung nach, dass wir das kostbarste Geschenk im Leben erfahren durften: lieben und geliebt zu werden.

6.0. WAS HAT MIR IN MEINEM TRAUERPROZESS GEHOLFEN?

Oft wurde ich gefragt, was ich tue oder getan habe, um mit meiner Trauer besser umzugehen, sie besser annehmen zu können oder mich schlicht und einfach nur abzulenken. Es gibt natürlich keine pauschalen Regeln und Aktivitäten, die einem jeden Trauernden helfen werden, aber ich verrate dir gerne, was mir dabei geholfen hat, die Dinge etwas klarer zu sehen, besser mit meinen eigenen Emotionen und der Trauer umzugehen oder meinen Kopf auszuschalten, wenn auch nur für eine kurze Zeit. Der Gedanke, etwas falsch zu machen beim Trauern, begleitete mich einige Zeit, bis ich begriff, dass ich gar nichts falsch machen konnte. Beim Trauern gibt es keinen Plan, den man strikt zu befolgen hat. Genau wie jeder Mensch und Charakter unterschiedlicher nicht sein könnte, ist auch der Zugang zur Trauer bei jedem völlig anders, und das ist auch mehr als okay.

Ein ganz wichtiger Punkt, auf den ich noch genauer eingehen möchte, ist der, ich nenne es, „Schutzmechanismus" unseres Gehirns, wenn man solch einem Schock oder Trauma ausgesetzt wurde und jemanden urplötzlich verloren hat. Ich bin der Überzeugung, dass man sich eine ziemlich lange Zeit eine Art „Schutzmantel" überwerfen kann bzw. dies ganz automatisch passiert, denn ich denke, sonst würde man einiges wie z.B. die Beerdigung etc. nicht überstehen. Die ersten Wochen waren hart, aber sie sind auch irgendwie so an einem vorbeigezogen. Ich glaube, dass uns dieser Schutzmechanismus immer nur so viel an Emotionen gibt, wie wir gerade in diesem Moment aushalten und verkraften können, solange bis wir wieder bereit sind für die nächste „Welle". Wir müssen jedoch aufpassen, nicht von dieser Welle bewusst davonzulaufen. Okay, natürlich können wir das tun, aber sie wird uns irgendwann früher oder später einholen und ich bin fest der Überzeugung, dass der Aufprall dann noch um einiges schmerzhafter sein wird.

Voller Kopf

„Mein Kopf ist voll mit Gedanken. Oft habe ich noch nicht einmal den ersten Gedankengang fertig gedacht, kommt da schon wieder ein zweiter oder womöglich auch noch ein dritter oder vierter. Ich komme nicht zur Ruhe. Mein Kopf fühlt sich so schwer an; wie eine viel zu schwere Last, die auf meinen Schultern liegt. Nichts kann dieses permanente Gedankenkarussell im Moment stoppen. Kein Spaziergang. Kein Lied. Kein Sport. Keine Meditation.

Doch was, wenn es einfach ein automatischer Schutzmechanismus ist? Vielleicht versucht mein System, die Gedanken nie enden zu lassen, um andere Gedanken erst gar nicht aufkommen zu lassen oder gar sie völlig zu verdrängen? Weil diese Art von Schmerz einfach gerade nicht auszuhalten wäre ... und hier kommt automatisch die Antwort auf diese Frage, die ich mir selbst gestellt habe: Ein Brennen in meiner Nase. Ein Kloß in meinem Hals. Ein Stechen in meiner Brust. Ja ... an manchen Tagen kann man all diesen seelischen Schmerz nicht ertragen und so schützt uns unser eigenes System und schenkt uns einen Kopf voller rastloser Gedanken."

Schreiben

Wie schon bereits erwähnt, hat mir das Schreiben sehr geholfen. So konnte ich meine Gedanken etwas sortieren und das Chaos in meinem Kopf ein bisschen minimieren. Sobald ich all die Worte, die in meinem Schädel herumschwirrten, zu Papier gebracht hatte, wurde es etwas ruhiger in mir und das Dröhnen in meinen Ohren ließ etwas nach.

Sport

Ein großer Faktor, um meinen Kopf abzuschalten, war der Sport für mich. Ich hatte erst einen Monat zuvor im Fitnessstudio begonnen, wofür ich sehr dankbar bin, denn hätte ich erst im Jänner damit begonnen, hätte ich wahrscheinlich nie die Kraft dafür aufgebracht, um wirklich damit zu starten und hinzugehen. Doch so hatte ich mir schon eine gute Routine zurechtgelegt und ging auch regelmäßig ins Gym. Zu Beginn war es mir total unangenehm, denn ich spürte all die mitleidigen Blicke auf mir ruhen, doch keiner traute sich, zu mir zu kommen, und geschweige denn ein einziges Wort zu sagen. Also verbarrikadierte ich mich hinter meinen Kopfhörern, machte mir „Motivationsmusik" mit lautem Bass an und arbeitete stupide meinen Trainingsplan ab. Leider übertrieb ich oft etwas beim Training und erst nach einiger Zeit verstand ich auch, warum. Ich ging so oft an bzw. über meine Grenzen, denn ich musste mein Herz einfach spüren. Es klopfte oft so laut, dass das Blut in meinen Ohren rauschte, und das zeigte mir, dass ICH am Leben bin. Die zwei Stunden im Gym waren häufig die einzige Zeit, in der ich an absolut nichts gedacht hatte. Ich spürte nur mein viel zu schnell schlagendes Herz und zum ersten Mal seit Wochen mich selbst.

Darüber reden

Für mich war es von Anfang an sehr wichtig, über das, was passiert war, das, was ich und wir erlebt hatten, zu reden, alles laut auszusprechen. Auch wenn es an manchen Tagen sehr schwer war, darüber zu sprechen. Ich bin fest davon überzeugt, dass es sehr wichtig ist, immer und immer wieder darüber zu reden. Insbesondere, um es selbst etwas zu realisieren und zu verstehen, was geschehen war, und vor allem, dass es geschehen war, denn oft und lange fühlte sich das Erlebte wie ein schlechter, sehr schlechter Traum oder besser gesagt Albtraum an.

Emotionen zulassen

Zu Beginn meiner Trauerreise habe ich eines noch nicht gänzlich verstanden, bzw. hatte ich zu der Zeit auch nicht die Kraft dazu: Wenn solche Momente der Trauer kommen, ist das Einzige, was wirklich hilft, durch den Schmerz zu gehen, sich all den angespülten Emotionen zu stellen, ihnen Raum zu geben, sie da sein zu lassen, sie zu fühlen, alles zu fühlen, um sie dann wieder weiterziehen zu lassen.

Stell dir mal einen Topf mit Deckel vor. In dem Topf befinden sich all die unterdrückten Emotionen, Ängste etc. Viele denken, es wäre einfacher, all das in diesen Topf zu packen und schließlich den Deckel draufzugeben. Aus eigener Erfahrung weiß ich eines: Es kostet so viel mehr Energie, permanente Kraft dafür aufzuwenden, dass der Deckel auf dem Topf bleibt. Deshalb ist es viel einfacher, wenn zwar auch nicht in dem Moment, den Deckel vom Topf zu nehmen und alles, was sich in dem Topf befindet, genauer anzusehen.

Klarkommen.

„Irgendwann kommt der Punkt, an dem du realisierst, dass du allmählich wieder klarkommen solltest. Klarkommen mit deinem Alltag, klarkommen mit dir selbst. Doch die Realität ist eine andere. Du bist permanent überfordert, fühlst dich oft alleine, so hilflos. Und jedes Mal, wenn ich erneut mit dem Gedanken spiele, mir Hilfe von außen zu suchen, Gesprächstherapie oder whatever, schiebt sich ein Gedanke quer: Was sollte mir irgendjemand sagen können, was meinen Schmerz ansatzweise lindern könnte? Ich meine, niemand hat das erlebt, was ich erlebt habe, niemand fühlt das, was ich fühle, niemand hat ihn gekannt, so wie ich ihn gekannt habe, für niemanden war er das, was er für mich war und für immer sein wird. Also, wie sollte mir irgendjemand sagen, was ich tun kann oder soll, damit es endlich leichter wird, wenn er nicht ein Stückchen in meinen Schuhen gelaufen ist? An manchen Tagen schaffe ich nicht mal die kleinsten Dinge, und wenn mir dann noch irgendjemand sagt, dass es okay ist und solche Tage dazu gehören, ja klar, aber wann werde ich endlich wieder klarkommen, klarkommen mit all dem Chaos um mich herum und dem wilden Sturm, der in mir tobt?"

Familie

Meine Familie war ein sehr großer Anker in dieser schweren Zeit. Ich war schon immer unfassbar dankbar für meine Familie. Ein starker Zusammenhalt war stets ein sehr wichtiger Aspekt für uns. Und auch in dieser Zeit zeigte mir das Leben, was ich für ein unfassbares Glück habe, in so eine unglaublich tolle Familie hineingeboren worden zu sein.
Letzten Sommer hatte ich ein sehr bereicherndes Gespräch mit einer guten Bekannten, die meinte: „Ihr seid so zu bewundern,

wie ihr das alles meistert, jeder für sich und doch gemeinsam als Familie. Ihr verkörpert sowieso für mich das Wort „Familie". Bei euch fühlt man sich immer so willkommen, ihr seid so herzlich, haltet stets zusammen, könnt über alles reden, egal ob Spaß oder Ernst, und seid immer füreinander da." Das war mir natürlich schon bewusst, aber das Außenstehende, das auch so sahen berührte mich sehr.

Psychotherapie

Ende Juli, also 7 Monate nach dem besagten Tag, gab es einen Moment, den ich wohl nie vergessen werde. Ich war ein paar Tage alleine zuhause, meine Eltern besuchten meine Schwester, die zu der Zeit auf Reha war, um wieder auf die Beine zu kommen. Einerseits war ich froh, mal etwas Zeit für mich alleine zu haben, denn so lässt man gewisse Dinge anders zu. Andererseits war mir schon etwas unwohl zumute, doch im Nachhinein weiß ich, dass es mehr als wichtig war, eine Zeit lang alleine zu sein und mich mit mir und meiner Innenwelt intensiv auseinanderzusetzen. Mein Gedankenkarussell drehte sich immer und immer wieder, es hörte nicht mehr auf. An diesem wunderschönen Sommertag versuchte ich mich mit allem Möglichen abzulenken, bis ich draußen im Garten, beim Biotop saß und Panik in mir aufstieg. Es fühlte sich so an, als wäre ich in ein tiefes, dunkles Loch gefallen und würde dort unten am Grund festsitzen. Ich hatte solche Panik, dass ich da nicht mehr rauskommen würde und in eine schwere Depression hineinglitt.

Schwarzes Loch

„An manchen Tagen fühle ich mich wie in einem dunklen, tiefen Loch gefangen. Ich weiß nicht, wo oben und unten ist. Ich sitze einfach nur da und warte darauf, dass es vorbeizieht. Dass ich irgendwann wieder einen Lichtblick entdecke und aus diesem Loch steigen kann. Manchmal dauert es Stunden und manchmal eben Tage. Und wenn ich dann da unten gefangen bin, hilft einfach absolut gar nichts. Kein Reden, keine Musik, keine Ablenkung, denn das macht es danach noch schlimmer. Ich fühle mich wie in Hunderttausenden Teilen zerfetzt. Der Schmerz überrollt mich und lähmt mich von Kopf bis Fuß. In dieser Zeit gibt es absolut nichts, keine Freude, keine positiven Gedanken, keine Aussicht auf irgendetwas, nur diese tiefe, schwarze Wolke, die mich komplett eingehüllt hat. Ich habe Angst, dass sie mich irgendwann komplett auffressen könnte …
Es passiert nichts, außer dass die Zeit viel zu langsam und gleichzeitig viel zu schnell verstreicht.

Doch dann plötzlich wie aus dem Nichts, fließt dieser schwarze Schleier wieder Stück für Stück von mir, ich kann endlich wieder durchatmen und alles fällt wieder ein kleines bisschen leichter. Endlich lichtet sich diese Dunkelheit und ich kann wieder einen Lichtstrahl, einen klitzekleinen Funken Hoffnung entdecken und langsam einen Fuß vor den anderen setzen.
Aufatmen.
Erleichterung.
Und auch wenn ich es dieses Mal wieder aus diesem Loch geschafft habe, habe ich Angst, wieder schneller in dieses Loch zu fallen, als mir lieb ist, oder gar für immer da unten festzustecken und auf ewig dieses Taubheitsgefühl zu spüren."

Das war der Zeitpunkt, an dem ich beschloss: Ich muss mir Hilfe suchen. Ich habe mich anfangs sehr dagegen gewehrt, denn ich bin der Überzeugung, dass man sich bei einem Psychotherapeuten/in wohlfühlen sollte und zu gewissen Themen vielleicht auch einen ähnlichen Zugang haben sollte. Ich dachte mir so oft: „Ich kann zu niemandem gehen, der vielleicht gar nicht an ein Leben nach dem Tod glaubt." Das war ein riesiger Punkt, weshalb ich es wahrscheinlich so lange vor mich hingeschoben hatte, einen Therapeuten/ Therapeutin zu finden, der/die zu mir passt. Ich fand im Internet eine Liste von praktizierenden Therapeuten/innen mit einem kleinen Steckbrief und einem Bild daneben. Niemand davon sprach mich annähernd an, bis ich zwei Seiten später eine junge Psychotherapeutin in meinem Alter entdeckte. Ich wusste es bereits, als ich ihr Foto sah, und nachdem ich ihre Homepage genauer in Augenschein nahm und feststellte, dass sie ebenso wie ich auf mehreren Ebenen arbeitet: „Body, Mind & Soul". Da wusste ich, dass ich am nächsten Morgen anrufen würde. Leider sagte sie mir, dass sie zurzeit keine neuen Patienten/innen nehmen würde. Ich bedankte mich trotzdem und fragte sie, ob sie jemanden von ihren Kollegen/innen kennt, der auch eher ganzheitlich arbeitet, da mir das ein großes Anliegen sei. Sie schlug mir vor, ihr eine kurze E-Mail mit meiner derzeitigen Situation zu schreiben. Ein paar Tage später antwortete sie mir und schickte mir einen freien Termin zu. Ich war mehr als dankbar und wusste, dass das nicht selbstverständlich ist. Die Stunde Anfahrt in ihre Praxis nahm ich liebend gern alle drei Wochen in Kauf. Wir sprachen viel über meinen Bruder und jenen Tag, aber vor allem auch darüber, dass ich große Angst davor hatte, dass dieses eine Gefühl nicht mehr weggehen könnte, das Gefühl der Überforderung. Ich kannte das zuvor nicht, doch nun waren es oft schon zwei, drei Kleinigkeiten, die mich maßlos überforderten, was meinen Kopf beinahe zum Explodieren brachte und ich mich sofort wieder schlapp und hundemüde fühlte. Denn dieses Gefühl der Überforderung beeinträchtigte mich stark im Alltag. Ich konnte und wollte so gut wie nichts planen, denn wenn ich es mal tat und eine bestimmte Situation vor der Tür stand, war ich wieder wie aus dem Nichts kraftlos und fertig. Irgendwann akzeptierte ich dieses Gefühl, integrierte es in mein neues Leben, in der Hoffnung, dass es wieder weggehen würde, und schaufelte mir so viel Zeit wie möglich frei. Es dauerte Monate, bis dieses Gefühl wich, aber es wurde nach und nach leichter.

Perspektive

„Ganz oft, wenn ich inmitten einer Welle der Trauer bin, frage ich mich: Sollte ich dankbar sein, weil ich so viele kostbare Momente mit dir erleben durfte? Oder sollte ich noch trauriger sein, weil da noch so viele mehr hätten sein können und du bei so vielen Momenten nicht dabei sein kannst? Meistens entscheide ich mich für die erste Variante, weil mein Herz ohnehin schon so schwer ist. Dann gehe ich in Gedanken all die wundervollen Momente durch die wir gemeinsam erlebt haben. Und oft sitze ich da und lache und weine zugleich. Und umso mehr ich darüber nachdenke, komme ich immer wieder zu dem Entschluss: Du bist und warst der beste Mensch für mich auf dieser Erde!"

Spiritualität

Die Spiritualität war schon seit meiner Kindheit ein ziemlich großer Bestandteil in meinem Leben. Jeder definiert Spiritualität komplett verschieden. Die einen denken, wenn man spirituell ist, dass man in einem Kreis ums Lagerfeuer sitzt und dazu singt, die anderen denken, dass man für jedes Thema einen besonderen Heilstein zur Hand hat, und wiederum andere nennen es vielleicht „Hokuspokus". Jeder Mensch hat seine eigene Wahrheit, seine eigene Meinung und Ansichten, und das darf auch so sein. Zum Thema Spiritualität könnte ich wahrscheinlich Stunden oder besser gesagt Tage lang reden oder auch ein eigenes Buch darüber schreiben, aber ich gebe mein Bestes, mich kurz zu halten. Ich möchte dir gerne in den nächsten Zeilen meinen Zugang und meine persönliche Wahrheit zur Spiritualität schildern, einfach deshalb, weil die Spiritualität und mein Glaube mir wahrscheinlich am meisten durch diese dunkle Zeit geholfen haben.

Spirituell zu sein, bedeutet für mich, in Verbindung mit seinem eigenen Geist, dem Spirit, zu sein. Wir alle sind spirituelle Wesen, wir haben lediglich verlernt, auf unsere „Innere Stimme" zu hören und darauf zu vertrauen.

Spiritualität bedeutet für mich, verbunden zu sein. Zum einen mit mir selbst, mich selbst zu spüren, zu fühlen, im Hier und Jetzt zu sein, den Moment wahrzunehmen und ihn auch wahrlich genießen zu können. Zum anderen mit der Natur, mit anderen Menschen und dem Universum. Ich denke, da draußen ist so viel mehr, als wir mit unserem menschlichen Verstand jemals begreifen könnten. Wir sind ALL-EINS und alle miteinander, auf eine nicht sichtbare Weise verbunden. Daran glaube ich, genauso wie an Reinkarnation, an die Wiedergeburt. Ich hatte als Kind schon sehr viele „übernatürliche" Erfahrungen erlebt und auch einen bestimmten Traum, den ich jede einzelne Nacht immer und immer wieder geträumt hatte. In dem Traum war ich ein Mädchen, doch nicht ich selbst. Und das Ende des Traums ging auch immer gleich aus: Mitten in der Nacht brach ein Feuer aus und ich verbrannte darin. Schweißgebadet wurde ich Nacht für Nacht wach und konnte wirklich starke Schmerzen auf meiner ganzen Haut spüren, so als wäre ich tatsächlich verbrannt. Seit diesem Zeitpunkt glaube ich an Wiedergeburt und auch an so etwas wie „Seelenverträge". Ich denke, dass wir eine bestimmte Seelenfamilie haben, mit der wir immer wieder in den verschiedensten Konstellationen inkarnieren. Und bevor wir das tun, werden bestimmte „Seelenverträge" oder auch „Absprachen der Liebe" getroffen. Bevor wir inkarnieren, legen wir fest, was wir in diesem Leben lernen wollen, was wir erfahren möchten und auch wann es an der Zeit ist, die Erde wieder zu verlassen. Jede Seele inkarniert auf dieser Welt, um gewisse Erfahrungen zu sammeln und daran zu wachsen. Wenn wir erneut auf diese Welt kommen und inkarnieren, gehen wir durch den „Schleier des Vergessens", um vollständig auf menschliche Ebene diese Erfahrung machen zu können. In der geistigen Ebene gibt es kein Ego, das gibt es nur auf der Erde, und nur so können wir die Dualität erfahren. Schwarz und weiß. Heiß und kalt. Glücklich und traurig. Yin und Yang. Weiblich und männlich.

Ich habe mir ein paar Dokumentationen über Nahtoderfahrungen angesehen und so ziemlich alle Aussagen laufen auf dasselbe hinaus. Sie beschreiben die geistige Welt, diese Parallelebene, oder wie auch immer man diesen Ort bezeichnen mag, als hell und wunderschön. Die Gefühle, mit denen dieser Ort annähernd beschrieben wird, sind pure Liebe und Vollkommenheit.

Kennst du dieses Gefühl, so eine Art „Vorahnung" zu haben? Gewisse Dinge trägt man einfach so in sich und man kann gar nicht sagen, woher das kommt oder warum das so ist. Wenn mein Bruder und ich von der Zukunft geredet haben und dass unsere Kinder sich mal hoffentlich gut verstehen und beste Freunde werden würden, konnte ich mir das aber ehrlich gesagt mit meinem inneren geistigen Auge nicht vorstellen - also ich habe es nicht gesehen. Und dass, obwohl ich gut visualisieren kann. Und auch wenn ich nie jemandem davon erzählt hatte, ich dachte auch immer nur, es sei eine Art Hirngespinst. Meine größte Angst vor jenem Tag war, dass meinem Bruder etwas passieren und zustoßen könnte. Es war fast so, als hätte sich ein Teil von mir erinnert, dass der Zeitpunkt immer näherkam. Es klingt total verrückt, ich weiß, aber ich kann es mir nicht anders erklären. Aber dieser Ansatz hat mir persönlich sehr geholfen, dass man sich wiedersieht und wiedervereint sein wird, wenn die Zeit reif ist.

Ein ganzes halbes Jahr

„Ein ganzes halbes Jahr ohne dich ... wie sich das anfühlt? Verdammt scheiße! Alles ist so anders, so leer, so still. An manchen Tagen denke ich mir, mein Verstand, mein System, mein Körper haben sich damit abgefunden, es akzeptiert, dass du nicht mehr da bist. Denn „das Leben geht weiter“ - wie oft habe ich diesen Satz in den letzten Monaten gehört?! Ja verdammt, natürlich geht es weiter, die Welt bleibt nicht stehen. Obwohl ich mir manchmal wünschte, dass sie das tun würde. Die Abstände der „Wellen der Trauer", wie ich sie nenne, werden länger und sind nicht mehr so intensiv, meistens zumindest. Und an manchen Tagen trifft es mich wie aus dem Nichts, und ich weiß, dass ich nichts dagegen tun kann, außer es auszuhalten. Es gibt so viel, was ich dich noch fragen möchte, zu so vielen Dingen deine Meinung hören möchte, einfach nur deine Nähe spüren und genau in dem Moment, in dem mir bewusst wird, dass das alles nie wieder möglich sein wird, und mir laufen schon die Tränen über die Wangen, wie ein nie endender, wollender Fluss. Und zwischen all der Trauer, Wut und Verzweiflung denke ich mir nur „im nächsten Leben bleiben wir bitte länger zusammen, denn was sind denn schon 29 Jahre?“. Dieser Gedanke beruhigt mich wieder. Die Gewissheit, dich wiederzusehen. Dieser Gedanke gibt mir unheimliche Kraft. Kraft aufzustehen, Kraft weiterzumachen, Kraft, mein Leben in allen Facetten zu leben und zu genießen, denn die Zeit vergeht so schnell, und was sind denn schon 29 Jahre?"

Rituale

Als wäre es nicht schon ohnehin tagein tagaus schwer genug, mit dem riesigen zurückgelassenen Loch zu leben, das einem täglich vor Augen führt, dass jemand ganz Besonderes fehlt, gibt es dann noch diese superschweren Tage wie Geburtstage, Weihnachten, Feiertage und den Sterbetag. Das Ironische an der Sache ist, dass ich im Nachhinein gesehen Tage wie Weihnachten und die Feiertage rundherum, an denen ich dachte, sie kaum ertragen zu können, eigentlich als ziemlich schön empfand, und diese Tage weniger von Trauer gezeichnet waren als von Liebe und Dankbarkeit. Doch wenn ich an den 18. November 2023 zurückdenke, dreht sich mir mein Magen um. Das war sein Geburtstag und noch dazu sein 30. Geburtstag. Dieser Tag war einer der schwersten für mich. Ein paar Tage zuvor habe ich schon bemerkt, dass ich noch emotionaler war als sonst, und wurde innerlich total unruhig und unentspannt. Ich habe mir schon lange davor überlegt, was ich gerne an diesem besonderen (und traurigen) Tag machen möchte. Mir war klar, dass es irgendetwas sein würde, was meinem Bruder gefallen hätte oder wir sogar vielleicht gemeinsam gemacht hätten. Meine Psychotherapeutin hatte einen wirklich sehr hilfreichen Tipp für mich. Sie schlug mir vor, mit meiner Familie zu besprechen, was der Rest davon hielt, seinen Geburtstag mit ihm gemeinsam zu feiern, nur eben anders. Das klang zuerst etwas bizarr, muss ich zugeben, doch es war eine wirklich wunderbare Idee. Meine Schwester backte ihm seinen Lieblingskuchen und ich besorgte ihm ein Geschenk, einen seiner Lieblingswhiskeys. Ich nahm mir vor, bei den wirklich wichtigen Ereignissen mit ihm „gemeinsam" anzustoßen. Also zwei Gläser herzunehmen, und in das zweite nur einen kleinen Schluck einzugießen, anzustoßen und seinen Schluck dann Mutter Erde zu übergeben.

Für uns als Familie war es total wichtig, an solchen Tagen 1,2,3 „Fixpunkte" zu haben. Natürlich stand es jedem offen, ob er daran teilnehmen wollte bzw. in dem Moment (emotional) konnte, aber so hatte man einige Eckpunkte, durch die man durch den Tag geleitet wurde, und man saß nicht einfach so herum und musste sich die Frage stellen, was man als Nächstes tun sollte und wann der Tag endlich vorbei sein würde.

Das erste Jahr

Ich habe zum Ende des ersten Jahrestages so daraufhin gefiebert, wenn es endlich vorbei sein würde, - das erste Jahr ohne dich. Denn all die ersten Male ohne dich waren so unerträglich, ein Datum härter als das andere. Und komischerweise die Tage, vor denen ich mich am meisten gefürchtet habe, waren im Endeffekt gar nicht so schlimm, wie ich es angenommen hatte. Weihnachten und die Feiertage waren für mich mehr gefüllt voller Liebe und Dankbarkeit, als wie mit Trauer und Schmerz. Selbstverständlich war es völlig anders als bisher, komisch und auch traurig, aber auch schön und voller Wärme.

Und dann war da noch dein Geburtstag, dein 30. Geburtstag. Das war für mich einer der schlimmsten Tage in dem Jahr, in dem ersten Jahr ohne dich. Nicht nur weil du fehlst, wie jeden einzelnen Tag, sondern auch weil all meine Vorstellungen zerstört wurden. Was ich dir an diesem besonderen Tag schenke, welche Überraschung ich geplant hatte, was wir noch alles für gemeinsame Ziele und Träume hatten. All das war plötzlich wie eine Seifenblase zerplatzt und zurück blieb nur der stechende Schmerz in meinem zerbrochenen Herzen.

7.0. ERKENNTNISSE & ERFAHRUNGEN

Ich habe in diesem ersten Jahr sehr viele Erkenntnisse dazu gewonnen und zum größten Teil waren da leider viele, sehr schmerzliche Erfahrungen dabei. Im Nachhinein ist mir definitiv bewusst, dass niemand böswillig gehandelt hat. Jedoch gerade in den ersten Monaten war ich voller Wut auf die Welt, auf die Tatsache, dass mein bester Freund nicht mehr da ist, und auch auf die Art und Weise, wie viele Menschen reagiert und gehandelt haben. Heute weiß ich, dass die meisten von ihnen einfach nicht wussten, wie sie reagieren sollten, was sie tun oder sagen sollten.

Der emotionale Rucksack

Jeder von uns hat eine Art emotionalen Rucksack am Rücken geschnürt, den er sein ganzes Leben lang mit sich herumschleppen darf. Wie voll und schwer dieser Rucksack ist, hängt von vielen verschiedenen Faktoren ab. Darin befinden sich alle möglichen Arten von Erlebnissen, Traumata und unaufgearbeiteteten Emotionen wie Wut, Trauer oder Groll. Im Laufe des Lebens kann dieser Rucksack immer kleiner und leichter werden - oder eben auch genau das Gegenteil kann der Fall sein. Es hängt ganz davon ab, wie intensiv wir uns mit dem Inhalt dieses Rucksacks beschäftigen. Natürlich ist alles andere als schön, all den negativen Erfahrungen und Emotionen bewusst Aufmerksamkeit und Beachtung zu schenken, doch nur so kann etwas davon transformiert und aufgelöst werden.

Diese Erkenntnis hat mir vor allem eines gelehrt, nämlich dass man nicht über andere Menschen urteilen sollte. Denn was wissen wir denn schon von unserem Gegenüber? Nämlich nur genau das, was er oder sie preisgeben möchte. Wie oft habe ich auf die Frage, wie es mir geht, mit einem „Gut, danke und dir?" geantwortet, obwohl mir eigentlich zum Weinen, zum Schreien zumute war? Doch wollte und vor allem konnte ich nicht einfach jedem zeigen, wie es mir wirklich ging. Man kann sich nicht jedem öffnen und das muss man auch gar nicht.

Diese Erkenntnis über den „emotionalen Rucksack" hat meine Sicht sehr verändert. Wenn die Menschen in meinem Umfeld beginnen, über andere herzuziehen oder sie schlecht zu reden, unterbreche ich mein Gegenüber gelegentlich und mache ihm deutlich, dass nicht immer alles so ist, wie es scheint, und man nur einen kleinen Einblick in gewisse Dinge hat, aber niemals das große Ganze sehen würde. Denn um ehrlich zu sein, Salz sieht genauso aus wie Zucker.

Wir sollten aufhören, anderen Menschen einen Stempel aufzudrücken, denn wir können schlicht und einfach nicht hinter die Fassade blicken, wie es einem Menschen wirklich geht. Wir wissen nicht, welche stillen Kämpfe er führt, und das tut eigentlich jeder von uns. Jeder Mensch fechtet innere Kämpfe aus, von denen wir in den meisten Fällen absolut keinen Schimmer haben. Also sollten wir damit aufhören, weniger über andere zu reden, und damit anfangen, freundlicher mit unserem Gegenüber zu sein.

Manche Tage

„An manchen Tagen holt einen alles wieder ein. Plötzlich sind wieder all diese Bilder von jenem Tag in meinem Kopf. All diese Bilder und Gedanken überschlagen sich. Man weiß nicht, wo einem der Kopf steht. Man will eigentlich nur weg, weit weg und seine Gedanken sortieren, neu ordnen. Man durchlebt in seinen Gedanken diesen einen Tag wieder von vorne, obwohl man sich wehrt und es eigentlich nicht will. Und plötzlich ist da

auch wieder all dieser Schmerz, diese Verwundbarkeit, diese schwarzen Gedanken und all diese Trauer. Tranen fließen wie heiße Ströme über die Wangen und man bekommt kaum Luft. Man will schreien, weinen und alles herauslassen. Man ist wieder an diesem einen Punkt angelangt, an dem Punkt der Hilflosigkeit, Ratlosigkeit. Und schließlich gibt man nach, lässt all dies zu, weil man nicht mehr kann. Und nach ein paar Minuten, wenn man irgendwann wieder halbwegs normal durchatmen kann und die letzten Tränen langsam trocken, schiebt sich nur ein einziger Gedanke durch „Wann hört das endlich auf?“."

„Du bist so stark."

Diesen Satz habe ich so oft gehört, so oft, dass ich meinem Gegenüber manchmal am liebsten ins Gesicht gesprungen wäre. Mir ist durchaus bewusst, dass das meistens als Kompliment gemeint war, aber wenn man diesen Satz hundertmal hört und noch dazu so viel Wut in sich trägt, Wut auf die Welt und Wut auf alle um einen herum, ist dies eine andere Geschichte. Was bedeutet es denn, stark zu sein? Bedeutet es, nach außen hin gefasst zu wirken und alles auf die Reihe zu kriegen? Bedeutet es, seinen Gefühlen Raum zu geben und alles zuzulassen, egal wann und wo? Bedeutet es, nach vorne zu blicken und weiterzumachen, egal was kommt? Was bedeutet es denn, stark zu sein?

Wahrscheinlich bedeutet es für jeden etwas anderes. Und doch konnte ich diesen Satz irgendwann nicht mehr hören, denn ganz ehrlich, was hat man denn für eine Option? Es gibt nur zwei Wege, aufzugeben, sich GEGEN das Leben zu entscheiden, oder aufzustehen und sich FÜR das Leben zu entscheiden. Und auch wenn ich oft zu gerne meinen Kopf in den

Sand gesteckt hätte, wurde mir eines immer wieder aufs Neue schmerzlich bewusst: Das Leben geht weiter.

Wie oft?

„Wie oft denke ich mir „das würde dir gefallen"? Wie oft denke ich mir „das muss ich dir erzählen"? Wie oft denke ich mir „da hätte ich gerne deine Reaktion gesehen"? Wie oft denke ich mir „da hättest du jetzt bestimmt gelacht"? Wie oft denke ich mir „das wüsstest du ganz bestimmt"? Wie oft denke ich mir „das kannst nur du"? Wie oft denke ich mir „einmal würde ich noch mal gerne dein Lachen hören"! Wie oft denke ich mir „ich würde dich so gerne um deinen Rat fragen"! Wie oft denke ich mir „Ich bräuchte jetzt deine ruhige Art"! Wie oft ich an dich denke und dich vermisse? Jeden einzelnen Tag!"

„Wie geht's euch denn?"

Noch so eine Frage, die mich nach einiger Zeit beinahe an den Rand des Wahnsinns getrieben hat. Wie soll es einem denn gehen, wenn man einen der wichtigsten Menschen in seinem Leben von jetzt auf gleich verloren hat? Und ich weiß, dass die Frage oft nur gestellt wurde, weil es eben eine bekannte Floskel in unserer Gesellschaft ist oder man auch nicht wusste, was man sagen sollte, aber dennoch hat sie mich an manchen Tagen sehr an meine Grenzen gebracht. Vor allem, weil es tatsächlich viele Menschen gar nicht interessiert, wie es dir im Moment wirklich geht. Irgendwann habe ich für mich eine Art Strategie entwickelt, weil ich auf die Frage entweder nicht ehrlich antworten konnte oder wollte, und habe so ganz schlicht und einfach geantwortet: „Danke. Und dir?". Du würdest es nicht glauben, wie wenigen Menschen es eigentlich aufgefallen ist, dass ich auf die Frage eigentlich nicht geantwortet habe, und warum? Weil es viele nicht wirklich interessiert. Viele Menschen stellen diese Frage nur, damit sie im Gegenzug gefragt werden, wie es ihnen selbst ergeht. Ich habe mir so oft Geschichten über ihre Probleme angehört, von denen ich mir gewünscht hätte, bloß diese Art von „Problemen" zu haben. Und dann gab es noch die andere Sorte von Menschen in meinem Umfeld, die mein Statement zu ihrer Frage verstanden hatten.

Das hat mir vor allem eines gezeigt: Wer sich wirklich für mich und mein Wohlbefinden interessiert, wer wirklich für mich da ist und auf wen ich tatsächlich zählen kann und auf wen eben nicht. Und auch wenn diese Erfahrung ziemlich hart war, bin ich auch gleichzeitig froh, sie durchlebt zu haben, denn nun weiß ich, wen ich in meinem Leben haben möchte, auf wen ich mich verlassen kann und auf wen eben eher weniger.

Wieder einmal

„Wieder mal die Frage „Wie gehts dir?"
Wie es mir geht? Mir?
Mal laut, mal leise.
Mal okay, dann wieder scheiße.
Mal kullern mir aus dem Nichts, die Tränen über mein Gesicht,
weil ich wieder mal denken muss an dich und dein Lieblingsgedicht.
Mal bin ich so sehr in meinem Kopf gefangen,
wie kann ich endlich wieder etwas Klarheit erlangen?
Mal halt ich's vor lauter Trauer kaum noch aus,
mal muss ich einfach nur hier raus.
Mal packt mich die Wut so sehr am Kragen,
mal hab ich Angst in allem zu versagen.
Mal sitzt der Schmerz so, so tief fest.

Dann fehlt nur noch die eine Frage, die gibt mir dann den Rest...

„Wie gehts dir?"

Und weil ich einfach keine Worte mehr finde, sag ich bloß „Danke, und dir?"

Veränderung

Eine ziemlich schmerzhafte Erkenntnis war die Tatsache, dass nichts mehr so sein wird, wie es einmal war. Plötzlich wird einem bewusst, dass sich nun von Grund auf einfach alles ändern wird. Und das tat zu Beginn ziemlich weh. Irgendwann wurde mir klar, dass sich nicht nur die Dinge um mich herum geändert haben, sondern auch, dass ich mich selbst verändert habe und niemals mehr dieselbe Person sein kann, die ich zuvor war. Aber auch wenn sich gefühlt alles im Leben verändert, heißt es nicht, dass alles von Grund auf schlecht oder negativ ist. Das Leben sortiert sich neu. Ohne Veränderung würden wir permanent feststecken. Veränderung ist Leben. Manchmal braucht man eben nur etwas Mut, um neue Dinge willkommen zu heißen und dann zu sehen, was man daraus macht.

Healing

„Wenn man sich mitten in einem Heilungsprozess befindet, wird einem schlagartig irgendwann Folgendes klar: Nicht nur um einen herum verändert sich alles, und nichts wird jemals wieder so sein, wie es mal war. Und das schließt einem selbst nicht aus, denn wenn man ein Trauma durchlebt hat, kann man einfach nicht mehr derselbe Mensch werden, der man mal war. Man muss sich ganz neu erfinden und eine neue Version seiner selbst werden. Und das erfordert eine ganze Portion an Mut und Kraft."

Das davor und danach

Nach einigen Monaten kam diese Zeit, wo man alles in ein „davor" und ein „danach" einteilt. Die Zeit, wie er noch dabei war, und die Zeit, als er es eben nicht mehr war. Ich empfand oft Panik, weil ich Angst hatte, ich würde gewisse Dinge vergessen. Und auch wenn wir uns vielleicht nicht mehr an alle Details erinnern können, die Herzmoment- Erinnerungen sind tief in unseren Herzen verankert und werden es auch für immer bleiben.

Strategie

Während die einen Menschen permanent alles immer und immer wieder wiederholen müssen, reden andere wiederum kaum über das, was passiert ist. Es ist beides okay und nichts davon ist falsch. Jeder Mensch muss seinen eigenen Weg finden und seine eigene Strategie entwickeln, damit er leichter mit dem Geschehen umgehen kann. Viele brauchen das Grab als einen Ort, um sich mit dem Verstorbenen verbundener zu fühlen und um zu trauern. Ich im Vergleich dazu brauche das alles nicht. Mein Zugang dazu ist, dass im Grab nur noch die mittlerweile leere Hülle liegt bzw. die verbrannte Asche. Die Seele lebt weiter und man kann mit Verstorbenen kommunizieren. Man muss nur dafür offen sein und vielleicht auch etwas empfänglich, um dies wahrnehmen zu können. Vor allem in den ersten Wochen sind so viele unerklärliche Dinge passiert, die man sich mit seinem Verstand keinesfalls erklären könnte. Ich empfand es als Zeichen, als eine Art Kommunikation. Selbstverständlich kann einem das eine ziemliche Heidenangst einjagen, aber nach einiger Zeit empfand ich das als völlig normal oder sogar auch etwas tröstlich. Ich habe mir auch kein Foto von meinem Bruder aufgestellt, also so eines, wie es in der Kirche stand. Ich fand es schöner, ein Bild auszuwählen, auf dem wir beide lachten und glücklich waren. Dieses Bild brachte ich in meinem Vorraum vorm Wohnzimmer an, da ich da sehr oft vorbeigehe und jedes Mal, wenn ich es sehe, lächle ich ihn an. Manchmal aus purer Liebe, manchmal mit Tränen in den Augen, weil ich ihn wieder mal so vermisse. Unter dem Bild habe ich seinen Lieblingswhiskey platziert und bei all den großen Tagen oder Momenten, an denen ich mit ihm gefeiert hätte, tue ich das mit einem Schluck Whiskey und stoße mit ihm an.

Die Leute reden immer und ständig. Und soll ich dir etwas verraten? Lass dich von diesen Menschen nicht unterkriegen, lass dir nichts einreden. Ich bin mir zu 100% bewusst, dass die Leute nicht nur einmal über mich geredet haben. Nur 2,5 Wochen nach dem Tod meines Bruders war die traditionelle, alljährliche Faschingsparty. Ich überlegte einige Zeit, ob ich dort hingehen würde und vor allem, ob ich dort hingehen möchte. Doch im Endeffekt wurde mir schnell bewusst, dass ich auf jeden Fall hingehen würde, denn mein Bruder hätte es nicht anders gewollt. Er hätte gewollt, dass meine Freunde und ich das Leben genießen und feiern, ihn feiern. Und das taten wir auch. Ich fühlte mich die ersten paar Stunden mehr als fehl am Platz, denn wieder wurde ich angestarrt und angegafft, aber damit hatte ich bereits im Vorhinein gerechnet. Nach einiger Zeit legte sich diese angespannte Stimmung und die Nacht verlief eher weniger wie eine Party und dafür mehr wie ein Heul-Konzert, aber das war vollkommen in Ordnung. Gefühle sind da, um gefühlt zu werden, oder? Ich denke zu wissen, dass mit Sicherheit einige darüber geredet haben, wie unpassend es ist, nach so kurzer Zeit nach dem Tod seines Bruders feiern zu gehen, aber ganz ehrlich: Wenn ich nicht gegangen wäre, hätten andere wiederum geredet, dass es nichts bringen würde, sich zuhause einzusperren und Trübsal zu blasen. Was ich dir damit verdeutlichen möchte, ist: Es ist vollkommen egal, was du tust, die Leute reden sowieso. Deshalb mach das, was sich für DICH richtig anfühlt, denn es muss für dich passen und für niemanden anderen sonst.

Die Leute reden

„Die anderen Leute denken immer, sie würden über alles und jeden Bescheid wissen ... sie denken, sie würden wissen, wie es dir geht. Sie denken, sie würden wissen, wie es ist. Sie denken, sie müssten reden, warum, wieso, weshalb. Sie denken, sie könnten es nachvollziehen, nachempfinden. Doch in Wahrheit wissen sie gar nichts ... sie wissen nicht, wie sehr dein Herz schmerzt, weil es in tausend Teile zersprungen ist. Sie wissen nicht, wie viele Tränen dir Tag für Tag, Nacht für Nacht über die Wangen strömen. Sie wissen nicht, wie schmerzhaft es ist, ihre mitleidigen Blicke auf dir zu spüren und vor allem, wenn du hinsiehst, sie einfach wegschauen. Sie wissen nicht, wie hilflos du dich fühlst, wie verloren. Sie wissen nicht, dass es dir an manchen Tagen so viel Kraft kostet, morgens aus dem Bett aufzustehen. Sie wissen nicht, wie schmerzhaft ein einfaches „Wie gehts dir?" ist. Sie wissen nicht, wie oft du dein Lächeln aufsetzt, bloß um nicht daran zu zerbrechen.

Die Leute denken, sie wüssten alles, doch sie wissen gar nichts ..."

Die Leute dachten wohl auch, sie müssten Theorien aufstellen über die Todesursache meines Bruders. Ich war jedes Mal schockiert, welche absurden Geschichten herumgingen und uns doch immer erreichten. Obszön fand ich es auch, dass doch so viele Bekannte so viel Irrsinn herumerzählten. Ich meine, man hätte uns doch auch ansprechen können, wenn das anscheinend so stark von Bedeutung war. Wahrscheinlich war es ihnen einfach nicht genug, zu unspektakulär, dass er einfach umgefallen und an einem natürlichen Tod gestorben war. Die Tatsache, dass sich manche Menschen an dem Leid anderer ergötzen, finde ich absolut widerlich. Oder brauchen manche Menschen vielleicht einfach nur genug Drama, weil ihr eigenes Leben zu „langweilig" ist oder um von sich und ihren eigenen Problemen abzulenken? Fakt ist, egal welche Ursache es auch gewesen wäre: Nichts hätte uns ihn wieder zurückbringen können.

Beim Schreiben dieses Buches fiel mir tatsächlich der Mittelteil am schwersten. Im Laufe der letzten zwei Jahre gab es so viele innerliche Kämpfe und Prozesse, und diese waren mir oft gar nicht bewusst. Eine ganz liebe Freundin hat mich immer wieder darauf aufmerksam gemacht, welche stillen Kämpfe ich bereits überwunden hatte. Welch ein Glück, dass ich sie nicht nur zu meinen guten Freunden zählen darf, sondern sie auch zugleich meine Kollegin ist.

Um ganz ehrlich zu sein, habe ich lange Zeit einfach nur funktioniert. Ich habe mich von Tag zu Tag hantiert, von Woche zu Woche und war froh, dass Monat für Monat verstrich. Ich befand mich im Überlebensmodus. Mein Nervensystem war sowas von dysreguliert. Ich war nur noch mehr angespannt, konnte nicht schlafen, habe ständig Dinge aufgeschoben, war permanent überfordert. Dieser Zustand kostete mir so viel Energie und Kraft. Also beschloss ich, nach ein paar Monaten bewusst Dinge zu tun, die mir guttun. Ich machte mir wieder Massagetermine aus, ging zum Osteopathen, zu Energetikern. Nicht weil ich dachte, sie könnten mir ein Stück meiner Trauer nehmen, sondern in dem Bewusstsein, MIR, meinem Körper und meinem System etwas Gutes zu tun. Ich redete nicht mit allen über meinen Verlust, und wenn ich es tat, dann auch nur, wenn ich es wollte. Und dabei gewann ich so oft neue Perspektiven, um gewisse Dinge anders zu betrachten oder sie aus einem anderen Blickwinkel zu sehen. Einmal führte ich ein sehr interessantes Gespräch, bei dem es um das Zulassen von Trauer ging. Für mich war es selbstverständlich, alles, was kam, zu fühlen und durch den Schmerz zu gehen, auch wenn es alles andere als angenehm war. Doch da ich schon davor viel an mir gearbeitet habe, wusste ich für mich, dass das wahrscheinlich der einzige Weg ist, um wahrlich zu heilen. Ich verstand einfach nicht, warum manche Menschen all diese Emotionen, all die Trauer so vor sich hinschieben können und diese auch irgendwie wegsperren. Einer meiner Therapeuten meinte zu mir, dass man nicht ohne Grund immer vom ersten (Trauer-)Jahr spricht. Im ersten Jahr kann man relativ „leicht" mit seiner Trauer umgehen und sie verarbeiten, wenn man es nur zulässt. Umso länger man wartet und es vor sich herschiebt, umso schwerer wird es. Er hat mir auch erklärt, warum das so ist. Nach ungefähr einem Jahr fühlt man sich nach der Zeit mehr oder weniger wieder halbwegs stabil. Und jedes Mal, wenn man dazu bereit wäre, die Tür zur Trauer einen Spalt zu öffnen, um sich damit auseinanderzusetzen, schließt man sie schnell wieder zu. Denn man merkt, wie schnell man wieder ins Wanken kommt, wieder instabil wird, und dieses Gefühl möchte man nicht schon wieder durchleben. Das ergab absoluten Sinn für mich.

Und ich glaube, es ist ähnlich mit dem Aussortieren von persönlichen Sachen und Dingen von den Verstorbenen. Natürlich würde man gerne all die Dinge des Verstorbenen behalten, aber das geht nicht und es ist wahrscheinlich auch gar nicht gesund für einen selbst. Meiner Mama war es sehr wichtig, in seinem Zimmer Ordnung zu schaffen, gewisse Dinge in eine Erinnerungskiste zu packen und auch auszusortieren. Mein Bruder liebte Jogginghosen, davon hatte er gleich mehrere. Wir waren fast gleich groß und mir war es irgendwie wichtig, eine Jogginghose von ihm zu behalten. Jedes Mal, wenn ich sie trage, fühle ich mich ihm noch ein kleines Stückchen näher als sonst. Einige Zeit betrat niemand sein Zimmer, zumindest nicht augenscheinlich. Wenn ich ihn besonders vermisste, ging ich einige Male hinein, legte mich in sein Bett und weinte, bis schließlich irgendwann keine Tränen mehr kamen. Es war irgendwie tröstlich, vor allem, weil seine Energie noch lange in dem Raum war.

8.0. ZEIT HEILT ALLE WUNDEN?

Über ein Jahr

„Es ist bereits mehr als ein Jahr her. Und es fühlt sich immer noch so unwirklich an. An den meisten Tagen fühlt es sich so an, als wäre ich in einem Film und warte nur darauf, dass endlich der Tag kommt, an dem ich endlich wieder glücklich sein und aus tiefstem Herzen lachen kann. Es ist nicht so, als gäbe es nicht Momente, in denen ich lachen muss oder nicht glücklich bin, doch es fühlt sich einfach so furchtbar schwer an. Egal, was ich tue, egal, was ich beginne, sofort ist diese allbekannte Erschöpfung da, und ich will nur weg. Weg von meinen Gedanken, weg von hier, weg von der Realität."

Und auch nach über 1,5 Jahren gibt es immer noch Momente, in denen mich Wellen überrollen. Sie sind zwar kleiner und sanfter, aber dennoch da und spürbar. Und so stand ich vor ein paar Monaten in einer Menschenmenge von 50.000 Leuten beim Konzert von Mark Forster und mitten bei dem Song „Kogong" liefen mir die Tränen über die Wangen, weil es mich so sehr an meinen Bruder erinnert hat. Er hat dieses Lied so oft gesungen, und das ließ mich ihn in diesem Moment noch mehr vermissen als sonst, und zugleich fühlte es sich wie ein Realitäts- Fausthieb von der Seite an. Zwei Lieder später sang und tanzte ich zu dem Song „Chöre" und dachte selbstverständlich dabei an ihn, nur dieses Mal lächelte ich dabei und mir wurde warm ums Herz. Ich empfand Liebe, Liebe, Liebe und tiefe Dankbarkeit für all die wundervollen Momente mit ihm.

Liebe

„Und irgendwann kommt der Tag, an dem diese tiefe Trauer, dieser extrem schwere Schmerz plötzlich weg ist. Und man langsam wieder beginnt, sich wieder aufrichtig auf etwas freuen zu können. Einerseits eine Erleichterung, weil es das Leben wieder ein Stück lebenswerter macht, und andererseits kommt dabei aber zugleich eine Art „schlechtes Gewissen" auf und Fragen wie „warum geht es mir so gut?". Die Traurigkeit ist nach wie vor da, sie schwingt jeden Tag ein bisschen mit, doch unterm Strich überwiegt die Dankbarkeit für all die schönen, kostbaren Momente, die man gemeinsam erleben durfte."

Ein riesengroßer Traum ging dieses Jahr Ende August in Erfüllung. Ich durfte dank meiner liebsten Schwester Coldplay live in Wien erleben. Und während wir bereits auf unseren Plätzen saßen und der Vorband lauschten, übermannte mich ein tiefes Gefühl von Traurigkeit. Ich dachte an meinen Bruder und seine Liebe zur Musik und vor allem daran, dass, wenn er noch hier wäre, wir bestimmt alle gemeinsam bei diesem wundervollen Konzert sein würden. Tränen stiegen mir in die Augen und plötzlich stupste mich meine Schwester sanft mit dem Ellenbogen und sagte: „Schau mal da drüben ..." Und ich sah, wie ein wunderschöner Regenbogen in all seinen Farben erstrahlte, und dachte mir zugleich, dass das einfach kein Zufall sein kann und dass das ein Zeichen von ihm war. Auch wenn er nicht auf die Art und Weise dabei sein konnte, wie ich es mir vielleicht sehnlich gewünscht hätte, wusste ich auf einmal, dass er trotzdem da war. Und dieser Moment überflutete mein Herz mit Zufriedenheit und purer Liebe.

Ich bin davon überzeugt, dass uns unsere Liebsten dort oben Zeichen schicken können, auf die unterschiedlichsten Arten und Weisen, die wir uns vorstellen können. Wie gut kann ich mich noch an den Tag erinnern, an dem wir beim Bestatter waren und alles für die Beerdigung geplant und organisiert hatten. Wie soll es denn auch anders sein, solch einen grauen Tag vergisst man nicht so leicht, auch wenn man es gerne tun würde. Am Heimweg war ich komplett in meinen ziemlich trüben und dunklen Gedanken versunken. Da entdeckte ich plötzlich wie aus dem Nichts am Himmel einen Regenbogen. Er strahlte so hell, stark und in allen Farben. Ich wusste sofort in demselben Moment, dass er uns den Regenbogen geschickt hat, denn wenn ich so darüber nachdenke, wüsste ich nicht, dass ich schon einmal im Jänner einen Regenbogen gesehen hätte.

Some things

„Manche Dinge können wir nicht mit dem Verstand begreifen, wir können sie nur fühlen, sie spüren.

Ich weiß, dass du nicht mehr da bist und doch bist du da.

Ich sehe dich, wenn im Wind die Bäume hin und her tanzen.

Ich spüre dich, wenn die Sonne meine Nasenspitze kitzelt.

Ich höre dich, wenn der Regen ans Fenster klopft.

Ich sehe dich, wenn die Sonne durchs Fenster scheint.

Ich höre deinen Ratschlag in meinem Ohr, wenn ich vor einer Entscheidung stehe.

Ich sehe dich mich angrinsen in einer lustigen Situation. Ich spüre deine Hand auf meiner Schulter, wenn ich nicht weiterweiß."

Alle sagen immer: „Zeit heilt alle Wunden". Doch irgendwann wurde mir bewusst, dass die Trauer eigentlich nicht weniger wird, sondern wir einfach nur um die Trauer herumwachsen. Irgendwann akzeptiert man, dass die Trauer niemals mehr weggehen wird und für immer ein Teil von uns sein wird. Wir lernen mit der Zeit, lediglich besser mit unserer Trauer umzugehen, und das gelingt uns an einigen Tagen nun mal besser als an anderen Tagen.

Irgendwann lichtet sich dieses permanente Grau und die Farben kommen allmählich wieder zurück. Und auch wenn die Welt um einen herum irgendwann wieder heller, wieder bunter wird, wird sie doch niemals mehr so bunt sein wie zuvor.

„Alles, was bleibt, ist die Liebe und die Erinnerungen. Mögest du so viele schöne Erinnerungen in deinem Herzen tragen, wie Sternlein am Himmelzelt stehen."

9.0. WIE GEHT MAN EIGENTLICH MIT TRAUERNDEN UM?

Falls du selbst noch nicht mit dem Thema Tod und Trauer in Berührung gekommen bist, sei dankbar, dankbar dafür, dass du noch alle lieben Menschen in deinem Leben hast. Vielleicht liest du das Buch aus einer anderen Intention und fragst dich ebenso, wie man mit Trauernden umgehen soll? Hier ein paar Tipps, die ich selbst definitiv umsetzen werde, wenn in meinem Umfeld jemand eine geliebte Person verliert.

Auf sie zugehen

Die meisten Menschen haben einfach Angst, auf Trauernde zuzugehen, Angst, etwas Falsches zu sagen. Aber soll ich dir etwas sagen? Das Einzige, was man dabei falsch machen kann, ist wegzusehen, so zu tun, als würde man die Person nicht sehen oder sie bewusst meiden. Denn der oder die Trauernde bekommt das mit und fühlt sich dann noch einsamer und alleingelassener. Also, falls du früher oder später in solch eine Situation kommen solltest, geh einfach auf die Person zu. Du musst auch gar nichts sagen, einfach nur da sein ist schon mehr als genug.

Taten zeigen mehr als Worte es jemals könnten

Die passenden Worte zu finden ist nicht einfach, wenn nicht sogar unmöglich, denn Worte können niemals das Geschehene ungeschehen machen oder den Schmerz lindern. Kleine Gesten wie eine Umarmung, eine Hand auf die Schulter legen oder ein mitfühlendes Zunicken sind oft kostbarer als jedes verzweifelte Wort. Natürlich kannst du die Person fragen, wie es ihr geht, aber nur wenn du es wirklich hören möchtest und bereit bist, zu 100% zuzuhören.

„Das wird schon wieder"

Solche Sprüche oder andere wie „Zeit heilt alle Wunden" etc. sollten absolut vermieden werden. Kein Trauernder will in so einer Situation solch einen Satz hören.

Hab keine Angst vor Emotionen

Viele haben Angst, die betreffende Person anzusprechen, denn es könnten heftige Emotionen an die Oberfläche kommen. Aber die Trauer ist ja sowieso da, und vielleicht können die Trauernden dieser dann leichter Raum geben und diese nicht unterdrücken. Und wenn du mitweinen solltest, ist das absolut in Ordnung. Es ist überhaupt nicht schlimm, mitzufühlen und zu weinen. Ganz im Gegenteil. Weinen ist heilsam für die Seele.

Zuhören

Ich bin der Überzeugung, je mehr man über das Geschehene spricht, desto leichter wird es irgendwann mit der Zeit. Es ist so wichtig, über alles zu reden und die verstorbene Person weiter am Leben zu halten, wenn auch nur in Erzählungen und Erinnerungen. Aber es gibt nichts Schlimmeres, als wenn die verstorbene Person von der Gesellschaft „todgeschwiegen" wird und niemand mehr über sie spricht. Also frag ruhig nach bestimmten positiven Erlebnissen oder Erinnerungen, das tut der trauernden Person in den meisten Fällen gut - zumindest war bzw. ist das bei meiner Familie und mir der Fall.

Im Alltag da sein und helfen

Gerade zu Beginn ist es enorm wichtig, dass jemand für die oder den Trauernden da ist und sie oder ihn unterstützt. Trauer nimmt sehr viel Kraft - oder besser gesagt an manchen Tagen die ganze Kraft, sodass man nicht mal im Stande ist aufzustehen. Den Alltag zu meistern mit Duschen, Anziehen, Kochen etc. scheint an manchen Tagen unmöglich. Deshalb hab nur Mut und biete deine Hilfe an. Bring etwas zu Essen vorbei, hilf im Haushalt mit, unterstütze bei Terminen, die anfallen. Das mag alles nicht nach viel klingen, aber für die oder den Betroffenen bedeuten diese kleinen Gesten mehr, als du dir vorstellen kannst.

Zurückweisungen nicht persönlich nehmen

Wenn man trauert, kann einem schnell mal alles zu viel werden. Wenn dies kommuniziert wird, wie z.B. „Ich will alleine sein", „Lass mich in Ruhe" etc. dann nimm das nicht persönlich. Gib der Person Zeit sich zurückzuziehen, das hat absolut nichts mit dir zu tun.

Unternehmungen Vorschlagen

Schlag gerne immer wieder Unternehmungen vor, die auch mal positive Emotionen hervorrufen, ein Tapetenwechsel tut oft gut. Egal ob ein Konzert, ein Kabarett oder auch einfach nur ein Spaziergang in der Natur. Biete immer wieder deine Zeit an, aber achte darauf, dass du die Trauerenden nicht zu sehr bedrängst.

Geduld

Habe Geduld mit deinem Gegenüber. Trauer ist so vielschichtig und jeden Tag anders. Es gab Tage, an denen ich raus wollte und den Drang verspürte, etwas erleben zu wollen, und dann gab es wiederum Phasen, in denen ich mich am liebsten zuhause verkrochen habe und niemanden sehen wollte. Ich bin sehr dankbar für meine Herzensmenschen, die das stets verstanden haben. Denn es gab absolut nichts, was mich mehr stresste, als wenn jemand sagte: „Jetzt haben wir uns schon so lange nicht gesehen. Jetzt müssen wir uns wieder mal etwas ausmachen." Ich stellte mir oft die Frage: Müssen wir das? Alles, was sich für mich nach Druck angefühlt hatte, habe ich abgelehnt. Ich wollte nur noch Leichtigkeit in meinem Leben, so gut es eben ging.

10.0. LIEBE & HEILEN

Heilen

Und ich glaube, der einzige Weg, wirklich zu heilen, ist alles, was kommt zuzulassen, da sein zu lassen, dem Raum und Platz zu lassen, es zu fühlen, alles zu fühlen, auch wenn es noch so unangenehm und qualvoll ist, und dann durch diesen Schmerz durchzugehen, um stärker hervorzugehen als jemals zuvor.

Durch den Schmerz zu gehen, das ist der einzige Weg zur wahren Heilung.

Mein Bruder hatte eine Art „Erinnerungsschublade" und was ich darin fand, brach mir einerseits das Herz, weil so der Schmerz, ihn verloren zu haben, in dem Moment noch größer war, und andererseits war ich einfach nur sprachlos, dass er diese Zeilen aufgehoben hatte, ganze 11 Jahre lang. Wie ich gleich nach meiner Matura für über ein Jahr ins Ausland ging, schrieb ich ihm immer wieder mal Briefe und unter anderem auch ein Gedicht aus einem bekannten Film, geschrieben von E.E. Cummings.

„Ich trage dein Herz bei mir.
Ich trage es in meinem Herzen.
Nie bin ich ohne es.
Wohin ich auch gehe, gehst du, mein Treuer.
Und was auch nur von mir allein gemacht wird,
ist dein Werk, mein Schatz.
Ich fürchte kein Schicksal,
weil du mein Schicksal bist.

Mein Liebling, ich will keine Welt,
weil du mein Schöner, meine Welt bist.
Du bist, was der Mond immer bedeutet hat
und was die Sonne immer singt.

Mein Liebster, hier ist das tiefste Geheimnis,
um das keiner weiß.
Hier ist die Wurzel der Wurzel,
und die Knospe der Knospe,
und der Himmel des Himmels,
eines Baumes namens Leben,
der höher wächst, als unsere Seelen hoffen,
unser Geist verstecken kann,
das ist ein Wunder,
das den Himmel zusammenhält.

Ich trage dein Herz.
Ich trage es in meinem Herzen."

Liebe ist endlos, grenzenlos. Liebe ist alles. Liebe lässt uns fast alles überstehen, sogar den Verlust eines unendlich geliebten Menschen.

Und wenn meine Zeit gekommen ist, die Erde zu verlassen, weiß ich, wer mich abholen kommen und mich ins Licht begleiten wird. Dann werden wir endlich wieder vereint sein, und darauf freue ich mich. Und das ist doch ein ziemlich schöner Gedanke, oder? Und bis dahin lebe ich mein Leben in all seinen Facetten, mit all den großen Dingen, den kleinen Dingen und allem, was dazwischen liegt, mit all den Höhen,- & Tiefen und all den kunterbunten Farben.